Learning to Get Along®

Know and Follow Rules

Saber y seguir las reglas

Cheri J. Meiners, M.Ed.

Ilustrado por Meredith Johnson

Traducido por Ingrid Paredes

free spirit PUBLISHING®

Library of Congress Cataloging-in-Publication Data
Meiners, Cheri J., 1957–
Know and follow rules = Saber y seguir las reglas / Cheri J. Meiners, M.Ed. ; Ilustrado por Meredith Johnson ; Traducido por Ingrid Paredes.
pages cm. — (Learning to get along series)
ISBN 978-1-57542-498-9 (paperback) — ISBN 1-57542-498-3 (paperback) 1. Obedience—Juvenile literature. 2. Student etiquette. I. Johnson, Meredith, illustrator. II. Meiners, Cheri J., 1957– Know and follow rules. III. Meiners, Cheri J., 1957– Know and follow rules. Spanish. IV. Title. V. Title: Saber y seguir las reglas.
BJ1459.M45 2015
646.70083—dc23
2014039148

ISBN: 978-1-57542-498-9

Edited by Marjorie Lisovskis
Translation edited by Edgar Rojas, EDITARO

Printed by: 590835
Printed in: China

Free Spirit Publishing
An imprint of Teacher Created Materials
9850 51st Avenue North, Suite 100
Minneapolis, MN 55442
(612) 338-2068
help4kids@freespirit.com
freespirit.com

FSC
www.fsc.org
MIX
Paper from responsible sources
FSC® C155903

Dedication

To Kara, who has found that following rules
brings a clear conscience and freedom.

Dedicación

A Kara, quien descubrió que el seguir las
reglas nos brinda libertad y una
conciencia tranquila.

SCHOOL RULES
LAS REGLAS DE LA ESCUELA
1.
2.
3.

I go to school with my friends. We have rules to help us know what to do.

Voy a la escuela con mis amigos. Tenemos reglas que nos ayudan a aprender qué hacer.

We have rules for play . . .

Tenemos reglas para el juego . . .

. . . and we have rules for work.

. . . y tenemos reglas para el trabajo.

Sometimes we work quietly.

A veces trabajamos en silencio.

OCTOBER OCTUBRE
1
2
3
4
5
6
7
8
9
10
11
12
13
14
15

At other times we speak up.

Y otras veces hablamos recio.

Rules help us learn.

Las reglas nos ayudan a aprender.

One rule I know is to listen. I look at the person talking and think about what is said.

If I want help, I can ask.

Una regla que sí sé es escuchar. Veo a la persona que está hablando y pienso en lo que está diciendo.

Si necesito ayuda puedo preguntar.

I can follow directions, too.
I do things the first time I am told.

También puedo seguir instrucciones.
Yo hago cosas la primera vez que me indiquen.

I also do my best.

También hago lo mejor que pueda.

I think carefully about my work.
I take time to do it well.

Pienso cuidadosamente en mi trabajo.
Tomo el tiempo para hacerlo bien.

Rules help me show respect.

Las reglas me ayudan a demostrar respeto.

I keep my hands and feet to myself.
I won't use them to bother or hurt anyone.

Mantengo mis manos y pies para mí mismo.
No los usaré para molestar o lastimar a nadie.

All About Horses
Todo sobre los caballos

And I ask permission to use things that aren't mine.

Y pido permiso para usar las cosas que no son mías.

Rules remind me to be polite.
I say "Please," "Thank you," and "Excuse me."
I speak kind words in a friendly voice.

Las reglas me enseñan a ser cortés.
Digo "Por favor", "Gracias" y "Perdón".
Digo palabras amables en voz amigable.

I do things to help someone else.

Hago cosas para ayudar a otros.

Rules help make things fair for everyone.

Las reglas ayudan a que las cosas sean justas para todos.

When I play games, I follow rules.
I wait my turn.
I let everyone use things.

Cuando juego, sigo las reglas.
Espero mi turno.
Dejo que todos usen las cosas.

If there's a problem, I listen and talk about it, or get help from a grown-up.

Si hay algún problema, escucho y hablo de lo que está pasando o busco ayuda de alguien mayor.

Rules help keep everyone safe, too.

I walk in the hallway.

Las reglas también ayudan a mantener a todos seguros.

Camino en el pasillo.

I also use things carefully.

También uso las cosas con cuidado.

Each place I go has its own rules.

Cada lugar a donde voy tiene sus propias reglas.

When I know and follow rules, things usually work out well.

Cuando sé y sigo las reglas, usualmente todo sale bien.

When I follow rules by myself, I'm being responsible.

Cuando estoy sola y sigo las reglas, estoy siendo responsable.

I'm learning and staying safe.
I'm showing respect.

Estoy aprendiendo y permanezco segura.
Estoy demostrando respeto.

When we all know and follow rules,
it helps us get along!

Cuando todos sabemos y seguimos las reglas,
¡nos ayuda a llevarnos mejor!

Ways to Reinforce the Ideas in *Know and Follow Rules*

Know and Follow Rules addresses three important ways rules benefit, strengthen, and support children: *mentally,* by providing clear expectations in the learning environment; *physically,* by helping them stay safe; and *socially,* by helping them to show respect, promote fairness, and get along with others. Because rules differ from setting to setting, few specific rules are delineated in the children's text. Rather, four major objectives are highlighted. Below are the objectives along with possible rules that relate to each. You may want to prepare a poster of the rules for your classroom or learning area. While reading and discussing the book, relate the scenes and rules depicted to your own setting.

Objectives	Possible Rules
Be ready to learn	Listen, follow directions, do your best
Show respect	Keep hands and feet to yourself, ask permission, put materials away, be polite
Get along, be fair	Take turns, share materials, follow game rules
Stay safe	Use things carefully, take care of things, walk indoors

As you read each page spread, ask children:

- What's happening in this picture?
- What rules do you think the people are (person is) remembering?

Here are additional questions you might discuss:

Pages 1–7

- Why do we need rules at school? What might happen if we didn't have rules at school?
- What are some rules that can help you when you play? when you do quiet work? at other times?

Pages 8–13

- What are some rules that can help you learn and do your best?
- Who can you ask if you don't know the rules? *(Make sure children know which adults can help them know and understand rules and when other children might be of help as well.)*

Pages 14–19

- What is respect? *(You might explain respect by saying, "When you show respect to people, you show that you think they are important.")* How does following rules help us show respect?
- What are some rules that help us show respect?
- What does it mean to keep your hands and feet to yourself? *(As necessary, discuss antisocial and dangerous behavior such as hitting, pinching, pushing, and kicking as well as touching and taking people's things.)*
- What does it mean to ask permission? When do you ask permission at school? What should you do if the person says yes? What if the person says no?
- How does being polite show respect? How do you feel when someone is polite to you? When someone *isn't* polite? What other friendly words can you use to show respect? What are some polite things you can do for other people?

Pages 20–23

- Why do games have rules? What might happen if people tried to play games without any rules at all?
- How do rules make games fair? *(Discuss this in the context of specific games children play in your setting.)*
- Have you ever played a game when you didn't know or follow the rules? When someone else didn't know or follow the rules? What happened?
- If someone isn't following the rules, what can you do?
- Is it okay to change the rules of a game? *(It can still be fair for everyone if all players agree to the rules.)*
- Have you ever made up your own rules for a game? How did it work out?

Pages 24–25

- What are some rules at school that help keep us safe?
- Why is it important to walk instead of run in the hallways and classroom?
- What are some things at school we need to use carefully?

Pages 26–27

- Why do you think we have different rules for different places? *(Discuss different rules you have in various situations and places in your setting, such as in the block area, housekeeping center, art area; on the playground or bus; in the cafeteria, halls, bathrooms; during quiet work time, games, playtime; and so forth.)*
- What are some rules that you know and follow at home? in other places?
- What is a rule that we follow everywhere? Why is it always important? What's another rule we follow everywhere? *(Focus here on rules that ensure that everyone is safe and treated with respect.)*
- If you could make your own rules (for your own room, or for an imaginary place) what would they be? Why would you want those rules? How would they help everyone who came there?

Pages 28–31

- What does it mean to be responsible? *(You might explain this by saying, "When you're responsible, you do what you know is right.")* How does following rules show that you are responsible?
- How does being responsible help keep you safe?
- Can you help someone else know and follow rules? How?
- How do rules help us get along?

"Following Rules" Games

Read this book often with your child or group of children. Once children are familiar with the book, refer to it when teachable moments arise involving the need to know, understand, and follow rules. Make it a point to notice and comment when children follow rules that help them show respect, play fair, stay safe, and get ready to learn. In addition, use the following activities to reinforce children's understanding of rules and why we need them.

What's the Rule?

Preparation: If you haven't done so already, make a poster of your classroom rules (see page 32) and discuss the rules with children. On index cards, write individual scenarios similar to the following. Place the cards in a bag.

Sample Rules:

1. **Listen and follow directions**
2. **Share and take turns**
3. **Hands and feet to yourself**
4. **Put things away**

Sample Scenarios:

- Matt walked quietly down the hall with his hands at his side.
- After Shayna built a house out of Legos, she took it apart and put the Lego bin back on the shelf.
- Madeleine waited to climb the slide until the person at the top slid and moved away.
- Danny grabbed a toy from another boy.
- As the teacher talked, Elise was looking at the goldfish.
- After Kaitlyn sorted buttons at the math center, she left them on the table.
- Samir got the crayons out of his desk when his teacher asked.
- Jordan liked Kerry's braids so much that he pulled on them gently when she sat near him.

Level 1

Have a child draw a card. Read or have a child read it aloud. Ask, "Is the child following one of our rules?" Then ask, "What rule is the child following?" or, "Which rule should the child remember?" Continue having children draw cards and discuss rules.

Level 2

After each card has been drawn and read, do one of the following: If the scenario describes children following rules, have one or two children act out the scene. Ask the other children the questions in Level 1. If a child in the scenario has forgotten to follow a rule, discuss the rule (or rules) that should be applied. Then have children role-play the scenario, enacting an appropriate solution.

Reasons for Rules

Preparation: On four large sheets of drawing paper, write the following headings and add simple drawings: "Be Ready to Learn" (book), "Show Respect" (two heads smiling at one another), "Get Along" (two stick figures holding hands), and "Stay Safe" (stop sign). Mount the four sheets on the bulletin board or a large whiteboard. Write each of your class rules on an index card, or select rules from the list on page 32. Place the cards in a bag. Have additional index cards on hand.

Directions: Ask a child to draw a card. Read or have a child read the rule on the card aloud. Ask questions like the following: "Why do we have this rule?" "What does this rule help us do?" "What might happen if we didn't follow this rule?" During the discussion, have children decide which heading (reason) the rule should go under. Then, the child who picked the card can tape or pin it under the appropriate heading. Some rules are important for more than one reason; for example, taking turns on a slide fits under "Stay Safe" and also "Get Along." Talk about how a single rule can help in more than one way. (If you wish, write the rule on more than one index card and mount it under all appropriate headings.) Encourage children to think of several situations, in and out of the classroom, where rules are needed for one or more reasons.

Rule Riddles

Follow the preparation for "Reasons for Rules," on page 34. Select a card and give clues about the rule. For example, for "Listen" you might say, "I'm thinking of a rule that helps us learn. It helps us know what someone said." You might also give examples such as, "Ally heard the teacher say 'Line up.'" Have children guess the rule to solve the riddle. A child can then put the card under an appropriate heading.

Knowing Rules in Many Places

Preparation: Cut out pictures from magazines that show nonschool settings where rules are important, such as a store, street, swimming area, and kitchen. Glue the pictures to large pieces of card stock. Think of one to three rules for each setting; write each rule on an index card. Stack the cards of rules facedown on a table.

Directions: Point to each pictured setting and ask, "What place is this? What do people do here?" Then have or help a child pick and read a card with a rule. Ask, "Where would this rule be important?" For example, "Look both ways before you walk" would be important when crossing a street. After an appropriate setting is chosen, let the child place the rule card near that picture.

Extension: Discuss the reasons for some of the rules, using questions like these: "Why do you think we don't handle breakable things at the store?" "What might happen if you went in the pool without a buddy?"

Variation: Invite children to role-play ways to follow the rules discussed.

Our Class Rules! Signs

Materials: Construction paper, scissors, crayons or markers, Popsicle sticks, tape

Directions: Discuss how traffic signs show the rules for driving. Have children make their own signs based on the rules in your classroom. Have children cut construction paper into various shapes and sizes and write a class rule on their sign. When finished, have or help them tape a Popsicle stick to the back of the sign.

Extension: Using the scenarios from the "What's the Rule?" game on page 34 (or others of your own), read an index card and have children hold up their signs when they apply.

Variations: Have children create a poster by mounting their signs on another piece of paper with the title "Our Class Rules!" Decorate the poster with illustrations for each rule. Or compile an "Our Class Rules!" book by having children create pictures of ways to follow rules. Each rule on a sign can mark the beginning of a chapter. Use construction paper or cardstock to make the book's cover, and a hole punch and yarn to bind the book.

"My Imaginary Rules" Drawing

Discuss what rules the children think are important, and what might happen if there were no rules. Then have children think of an imaginary place, such as a castle or an island, and the rules they would want in it. Have the children draw a picture of themselves in that place. Assist them in writing one to three rules. Discuss why they chose those rules and whether the rules would be good for everyone.

Formas para reforzar las ideas en *Saber y seguir las reglas*

Saber y seguir las reglas aborda tres aspectos importantes de cómo las reglas benefician, fortalecen y apoyan a los niños: *mentalmente* proporcionan expectativas claras en el ambiente de aprendizaje; *físicamente* ayudan a mantenerlos a salvo; y *socialmente* ayudan a que demuestren respeto, promuevan la igualdad y se lleven bien con los demás. Debido a que las reglas varían de un lugar a otro, solo se mencionan algunas reglas específicas en el texto y en su lugar se destacan cuatro objetivos principales. A continuación presentamos los objetivos junto con las posibles reglas que se relacionan con cada uno. Podrías escribir las reglas en un cartel para utilizarlo en el aula o área de aprendizaje. Al leer y discutir el libro, relaciona las escenas y las reglas que están escritas con su propio ambiente.

Objetivos	Posibles reglas
Prepárate para aprender	Escucha, sigue las instrucciones, haz lo mejor que puedas
Demuestra respeto	Mantén tus manos y pies para ti mismo, pide permiso, guarda los materiales, se cortés
Llévate bien con los demás, sé justo	Espera tu turno, comparte los materiales, sigue las reglas del juego
Mantente a salvo	Utiliza las cosas con cuidado, cuida tus cosas, camina cuando estés adentro

Al leer cada página, pregunta a los niños:

- ¿Qué está pasando en esta ilustración?
- ¿Qué reglas crees que la gente (o la persona) está recordando?

Algunas preguntas adicionales que puedes discutir:

Páginas 1–7

- ¿Por qué necesitamos reglas en la escuela? ¿Qué podría pasar si no tuviéramos reglas en la escuela?
- ¿Cuáles son algunas de las reglas que pueden ayudarte cuando juegas, cuando haces un trabajo en silencio o en otros momentos?

Páginas 8–13

- ¿Cuáles son algunas de las reglas que te ayudan a aprender y hacer lo mejor que puedas?
- ¿A quién le puedes preguntar si no sabes las reglas? *(Comprueba que los niños sepan a qué adulto pueden recurrir para ayudarles a conocer y entender las reglas y cuándo otros niños podrían ser también de ayuda).*

Páginas 14–19

- ¿Qué es el respeto? *(Podrías explicar el significado de respeto diciendo: "Al mostrar respeto por los demás, demuestras que piensas que son importantes").* Cuando seguimos las reglas, ¿cómo nos ayuda a demostrar respeto?
- ¿Cuáles son algunas de las reglas que nos ayudan a demostrar respeto?
- ¿Qué significa mantener las manos y los pies para ti mismo? *(Si es necesario, habla sobre los comportamientos antisociales y peligrosos, como golpear, pellizcar, empujar, dar patadas, así como tocar y tomar las cosas de los demás).*

- ¿Qué significa pedir permiso? ¿Cuándo pides permiso en la escuela? ¿Qué debes hacer si la persona dice que sí? ¿Qué pasa si la persona dice que no?
- ¿Cómo el ser cortés con los demás demuestra respeto? ¿Cómo te sientes cuando alguien es amable contigo? ¿Y cómo te sientes cuándo *no son* amables? ¿Qué otras palabras amables puedes utilizar para demostrar respeto? ¿Cuáles son algunas cosas respetuosas que puedes hacer por otras personas?

Páginas 20–23

- ¿Por qué los juegos tienen reglas? ¿Qué pasaría si la gente trata de jugar sin reglas?
- ¿Cómo las reglas hacen que los juegos sean justos? *(Aborda lo anterior en el contexto específico de los juegos que los niños practican en el aula).*
- ¿Alguna vez has practicado un juego donde no sabías o no seguiste las reglas? Cuando alguien no sabía o no siguió las reglas, ¿qué pasó?
- Si alguien no está siguiendo las reglas, ¿qué puedes hacer?
- ¿Se pueden cambiar las reglas de un juego? *(Puede ser justo para todos si todos los jugadores están de acuerdo con las reglas).*
- ¿Alguna vez has inventado tus propias reglas para un juego? ¿Cómo funcionó?

Páginas 24–25

- ¿Cuáles son algunas de las reglas en la escuela que ayudan a mantenernos seguros?
- ¿Por qué es importante caminar en vez de correr en los pasillos y en las aulas?
- ¿Cuáles son algunas de las cosas en la escuela que tenemos que utilizar con cuidado?

Páginas 26–27

- ¿Por qué crees que tenemos reglas diferentes para distintos lugares? *(Habla sobre las diferentes reglas que hay en distintas situaciones y lugares en el ámbito del niño, como en el área de bloques, el centro de limpieza, el área de arte, en el parque, en el autobús, en la cafetería, en los pasillos, en el baño, durante el tiempo de trabajo en silencio, en los juegos, a la hora de jugar y así sucesivamente).*
- ¿Cuáles son algunas de las reglas que sabes y sigues en casa o en otros lugares?
- ¿Cuál es una regla que seguimos en todas partes? ¿Por qué es importante? ¿Cuál es otra regla que seguimos en todas partes? *(Enfócate en las reglas que garantizan que los niños están seguros y son tratados con respeto).*
- Si pudieras crear tus propias reglas (en tu propia habitación o en un lugar imaginario) ¿cuáles serían? ¿Por qué quieres esas reglas? ¿Cómo ayudarían a todos los que lleguen allí?

Páginas 28–31

- ¿Qué significa ser responsable? *(Es posible explicar lo anterior diciendo: "Cuando eres responsable, haces lo que piensas que es correcto").* ¿Por qué seguir las reglas demuestra que eres responsable?
- ¿Por qué ser responsable te ayuda a mantenerte seguro?
- ¿Puedes ayudar a otra persona a que conozca y siga las reglas? ¿Cómo?
- ¿Cómo nos ayudan las reglas a llevarnos bien?

Juegos de "Seguir las reglas"

Lee este libro a menudo con tu hijo/a o con un grupo de niños. Una vez que los niños estén familiarizados con el libro, menciónalo cuando surjan momentos de aprendizaje en el que haya la necesidad de conocer, entender y seguir las reglas. Utilízalo para hacer comentarios cuando los niños siguen las reglas que los ayudan a demostrar respeto, a jugar correctamente, a estar a salvo y listos para aprender. Además, puedes usar las siguientes actividades para reforzar el conocimiento de las reglas y por qué las necesitamos.

¿Cuál es la regla?

Preparación: Si aún no lo has hecho, escribe las reglas en un cartel para utilizarlo en su salón (ver página 36) y habla sobre las reglas con los niños. Escribe en las fichas situaciones parecidas a las siguientes. Coloca las fichas en una bolsa.

Ejemplo de reglas:

1. **Escuchar y seguir las instrucciones**
2. **Compartir y tomar turnos**
3. **Mantener las manos y pies para ti mismo**
4. **Guardar tus cosas**

Ejemplo de situaciones:

- Matt caminó en silencio por el pasillo con sus manos a los lados.
- Después que Shayna armó una casa de Legos, la deshizo y puso la caja de Legos en la estantería.
- Madeleine esperó para subirse al resbaladero hasta que la persona que estaba arriba se deslizó y se quitó del camino.
- Danny le arrebató un juguete a otro niño.
- Cuando la maestra hablaba, Elise estaba viendo los peces.
- Después que Kaitlyn ordenó los botones en el centro de matemáticas, los dejó en la mesa.
- Samir sacó los crayones de su escritorio cuando su maestro lo indicó.
- A Jordan le gustaron tanto las trenzas de Kerry que se las jaló suavemente cuando ella se sentó cerca de él.

Nivel 1

Pídele a un niño que escoja una ficha. Léela o pídele a un niño que la lea en voz alta. Pregunta: "¿El niño está siguiendo alguna de nuestras reglas?" Luego pregunta: "¿Qué regla está siguiendo?" O, "¿qué regla debería recordar el niño?" Continúa pidiendo a los niños que escojan las fichas y habla sobre las reglas.

Nivel 2

Después de escoger y leer en voz alta cada ficha, puedes hacer lo siguiente: Si la situación describe al niño siguiendo las reglas, haz que uno o dos niños representen la escena. Pregunta a los otros niños sobre el tema del *Nivel* 1. Si el niño que está representando la situación se le olvida seguir alguna de las reglas, habla sobre la regla(s) que debería ser aplicada. A continuación trata de que los niños representen la situación incorporando una solución adecuada.

Razones para tener reglas

Preparación: En cuatro hojas de cartulina escribe los siguientes títulos añadiendo dibujos sencillos: "Alístate para aprender" (libro), "Demuestra respeto" (dos caras de frente sonriendo), "Llévate bien con los demás" (dos figuras de palo tomadas de la mano) y "Mantente a salvo" (señal de alto). Coloca las cuatro hojas en el tablón o la pizarra blanca. Escribe cada una de las reglas del aula en una ficha, o selecciona las reglas de la lista en la página 36. Coloca las tarjetas en una bolsa y mantén fichas adicionales a la mano.

Instrucciones: Pídele a un niño que escoja una ficha. Léela o deja que el niño lea en voz alta la regla escrita en la ficha. Pregúntale lo siguiente: "¿Por qué tenemos esta regla?" "¿En qué nos ayuda esta regla?" "¿Qué nos podría pasar si no seguimos esta regla?" Durante la charla, pide a los niños que decidan bajo qué título (razón) debería estar esa regla. El niño que escogió la ficha puede colocarla bajo el título apropiado. Algunas reglas son importantes por más de una razón. Por ejemplo, turnarse en un resbaladero se puede colocar bajo "Mantente a salvo" y también "Llévate bien con los demás". Habla de cómo una sola regla puede ayudar en más de una forma. (Si lo deseas, escribe la regla para varias fichas y colócala bajo todos los grupos apropiados). Anima a los niños a pensar en varias situaciones, dentro y fuera del salón, donde se necesitan reglas por más de una razón.

Adivinar las reglas

Sigue las indicaciones para "Razones para tener reglas". Escoge una ficha y dale pistas al niño sobre la regla. Por ejemplo, para "Escuchar" puedes decir: "estoy pensando en una regla que nos ayuda a aprender. Nos ayuda a saber lo que alguien dijo". También podrías dar ejemplos como: "Ally escuchó al profesor decir 'Pónganse en fila'". Dale a los niños pistas sobre la regla para resolver la adivinanza. Al terminar, uno de los niños puede poner la ficha bajo la agrupación correspondiente.

Saber las reglas de otros lugares

Preparación: Recorta fotos de revistas que representen lugares diferentes a las situaciones escolares y donde es importante mantener las reglas, como en una tienda, en la calle, en una piscina o en la cocina. Adhiere las fotos a pedazos grandes de cartulina. Piensa entre una a tres reglas para cada configuración. Escribe cada regla en una ficha. Agrupa las fichas con las reglas boca abajo sobre una mesa.

Instrucciones: Señala cada escena y pregunta: "¿Qué lugar es este? ¿Qué hace la gente aquí?" Pídele o ayúdale a un niño a escoger y leer una ficha con una regla. Pregunta: "¿Dónde sería importante esta regla?" Por ejemplo, "Mirar a ambos lados antes de caminar" sería importante al cruzar la calle. Después que la escena apropiada ha sido escogida, deja que el niño ponga la ficha con la regla cerca de esa imagen.

Extensión: Habla sobre las razones de algunas de las reglas por medio de preguntas como: "¿Por qué crees que no tocamos cosas frágiles en la tienda?" "¿Qué podría suceder si te metes a la piscina sin un amigo?"

Variación: Invita a los niños a representar las formas en que puedan seguir las reglas discutidas.

Letreros ¡Nuestras reglas de clase!

Materiales: cartulina, tijeras, crayones o marcadores, palitos de helado, cinta

Instrucciones: Habla sobre cómo las señales de tránsito indican las reglas para conducir. Pide a los niños que hagan sus propias señales de acuerdo a las reglas de su salón de clases, y que corten la cartulina en varias formas y tamaños para escribir una regla de la clase sobre el cartel. Al terminar, ayúdalos a pegar un palito de paleta sobre la parte posterior del cartel.

Extensión: Usando las escenas del juego "¿Cuál es la regla?", en la página 34 (o tus propias reglas), lee una ficha y dile a los niños levanten sus letreros cuando sea aplicable.

Variaciones: Pide a los niños que hagan un cartel colocando sus letreros en otra hoja de papel titulada "¡Nuestras reglas de clase!" Decora el letrero con ilustraciones para cada regla o compila un libro con "¡Nuestras reglas de clase!" haciendo que los niños dibujen las maneras de seguir las reglas. Cada regla en un letrero puede indicar el comienzo de un capítulo. Utiliza la cartulina para elaborar la cubierta y una perforadora y lana para encuadernar el libro.

Dibujando "Mis reglas imaginarias"

Habla sobre las reglas que los niños piensan que son importantes y qué podría suceder si no hubiera reglas. Pide a los niños que se concentren en un lugar imaginario, como un castillo o una isla, y las reglas que quisieran que tuviera ese lugar. Haz que el niño se dibuje a sí mismo en ese lugar. Ayúdalo a escribir entre una y tres reglas. Pregunta por qué escogió esas reglas y por qué serían buenas para todos.

Acknowledgments

I wish to thank Meredith Johnson, whose charming illustrations resonate so well with the text, and Marieka Heinlen for the exuberant design. I appreciate Judy Galbraith and the entire Free Spirit family for their dedicated support of the series. I am especially grateful to Margie Lisovskis for her diplomatic style as well as her talented editing. I also recognize Mary Jane Weiss, Ph.D., for her expertise and gift in teaching social skills. Lastly, I thank my fantastic family—David, Kara, Luke, Jacob, Blake, Erika, Tyler, James, Tammy, Audrey, Daniel, Meg, Julia, and Andrea—who are each an inspiration to me.

Agradecimientos

Quiero agradecerle a Meredith Johnson por sus encantadoras ilustraciones que se combinan hermosamente con el texto y a Marieka Heinlen por su exuberante diseño. Todo mi aprecio a Judy Galbraith y a la familia de *Free Spirit* por su apoyo y dedicación por esta serie. Estoy especialmente agradecida a Margie Lisovskis por su diplomático estilo y su talento en la edición. También quiero reconocer a Mary Jane Weiss, Ph.D., por su pericia y don en la enseñanza de habilidades sociales. Y por último, quiero agradecer a mi fantástica familia—David, Kara, Luke, Jacob, Blake, Erika, Tyler, James, Tammy, Audrey, Daniel, Meg, Julia y Andrea—quienes son mi inspiración.

About the Author

Cheri J. Meiners, M.Ed., has her master's degree in elementary education and gifted education. The author of the award-winning Learning to Get Along® social skills series for young children and a former first-grade teacher, she has taught education classes at Utah State University and has supervised student teachers. Cheri and her husband, David, have six children and enjoy the company of their lively grandchildren.

Acerca de la autora

Cheri J. Meiners, M.Ed., tiene una Maestría en Educación Elemental y Educación Dotada. Es autora de la serie galardonada sobre el comportamiento social para niños, *Learning to Get Along®*, fue maestra de primer año, ha dictado clases de educación en la Universidad Estatal de Utah y ha supervisado a profesores practicantes. Cheri y su esposo, David, tienen seis hijos y disfrutan de la compañía de sus alegres nietos.